Pe. PEREIRA, C.Ss.R.

Novena de Santo Afonso

EDITORA
SANTUÁRIO

DIREÇÃO EDITORIAL:
Pe. Fábio Evaristo R. Silva, C.Ss.R.

DIAGRAMAÇÃO:
Bruno Olivoto

COORDENAÇÃO EDITORIAL:
Ana Lúcia de Castro Leite

CAPA:
Mauricio Pereira

REVISÃO:
Luana Galvão

Textos bíblicos extraídos da *Bíblia de Aparecida*, Editora Santuário, 2006.

ISBN 85-7200-261-8

1ª impressão, 1995

7ª impressão

Todos os direitos reservados à **EDITORA SANTUÁRIO** – 2019

Rua Pe. Claro Monteiro, 342 – 12570-000 – Aparecida-SP
Tel.: 12 3104-2000 – Televendas: 0800 - 16 00 04
www.editorasantuario.com.br
vendas@editorasantuario.com.br

Santo Afonso Maria de Ligório

Como é bom nos encontrarmos e celebrarmos nossa fé e nosso amor a Deus Pai. Sabemos, sentimos e experimentamos Deus em nossa vida, mas, muitas e muitas vezes, nós não perseveramos no caminho rumo à terra prometida. Assim nos perdemos no caminho, e os obstáculos tornam-se tão grandes que a vida parece-nos sem sentido.

Ao rezarmos esta novena ao querido Santo Afonso, supliquemos a esse Santo, que gastou seus 91 anos de vida a serviço do Reino de Deus, a graça da perseverança na fé, no amor e na vida cristã. Santo Afonso não perdeu um minuto em sua vida; foi este seu propósito: não perder tempo jamais.

Foi pintor, compositor, advogado, escritor (escreveu mais de cem livros) e outras coisas mais. Grande orador, também Fundador da Congregação do Santíssimo Redentor, cultivou em sua vida um amor sem limites por Jesus Cristo, gastou sua vida pela causa do Reino. Nesta novena vamos rezar, viver e perseverar na busca de fazer a vontade de Deus. Vamos fazer uma caminhada com Santo Afonso em suas principais devoções: Nossa Senhora, Presépio, Jesus Eucarístico e Jesus Crucificado. Continuemos em Deus e, com as bênçãos de Santo Afonso, caminhemos perseverando em nossa Fé. Mãos à obra.

Oração inicial

– Em nome do Pai, do Filho e do Espírito Santo. *Amém.*

– Rezemos com fé a oração que Cristo nos ensinou: *Pai nosso...*

– Ó Santo Afonso, amado seguidor de Jesus Cristo, continuador de seus sinais geradores de vida, quero, nesta novena, pedir sua intercessão e sua bênção para receber os benefícios e as graças de que necessito neste momento; assim eu possa glorificar ao meu Deus e Senhor. Sei que sozinho não irei a lugar algum, mas com sua ajuda possa eu perseverar na fé, no amor e na esperança. Conceda-me esta graça.

Oração final

Ó Santo Afonso, Bispo e Doutor da Igreja, sabemos de seu imenso amor pelo presépio, ou seja, pelo nascimento de Nosso Senhor Jesus Cristo. Rogo a você, do fundo de meu coração, que interceda junto ao Pai para que o Deus menino venha fazer morada em mim. Peço-lhe, na confiança do Amor que você teve à Eucaristia, que toque minha vida para que Jesus Eucarístico seja por mim venerado e adorado em toda a minha existência. Suplico-lhe força para vencer os obstáculos de minha vida e assim nunca temer a cruz de cada dia, pois tenho certeza de que a cruz de Cristo é sinal de vida para todos nós. Interceda, aí no céu, a nossa Mãe Maria, nossa Esperança, que realmente nos mostre o caminho, a verdade e a vida. Ó amado Santo Afonso, quero amar a Deus sobre todas as coisas e ao próximo como a mim mesmo. Ajude-me. *Amém.*

Rezemos pela nossa perseverança: *Salve, Rainha...*

Oremos: Deus de amor e Pai de Jesus Cristo, em vosso coração coloco toda a minha ansiedade, todos os meus desejos e todas as minhas angústias. Por intermédio de Santo Afonso, suplico-vos a graça da perseverança nos momentos de sofrimentos e tentações. Socorrei-me nesta minha caminhada e assim eu consiga louvar-vos e glorificar-vos em toda a minha vida. Na paz de Jesus Cristo, tranquilizo meu coração e cheio de fé prossigo minha estrada sem medo dos obstáculos. Senhor, na oração persevero em seu amor. *Amém.*

Que pela intercessão de Santo Afonso e de Nossa Senhora alcancemos de Deus as graças e bênçãos de que precisamos. Em nome do Pai, do Filho e do Espírito Santo. *Amém.*

1º dia
O "sim" do amor

1. Oração inicial *(p. 5)*

2. Evangelho *(Lc 1,26-31.38)*
O "Sim" de Nossa Senhora ressoa firmemente em nosso coração e nos convida ao compromisso com Deus. Ouçamos o Evangelho:

No sexto mês, o anjo Gabriel foi enviado por Deus a uma cidade da Galileia, chamada Nazaré, a uma virgem, noiva de um homem, de nome José, da casa de Davi; a virgem chamava-se Maria. Entrando onde ela estava, disse-lhe o anjo: "Alegra-te, ó cheia de graça, o Senhor é contigo". Ao ouvir tais palavras, Maria ficou confusa e começou a pensar o que significaria aquela saudação. Disse-lhe o anjo: "Não tenhas medo, Maria, porque Deus se mostra bondoso para contigo. Conceberás em teu seio e darás à luz um filho e lhe porás o nome de Jesus. Disse então Maria: "Eis aqui a serva do Senhor, faça-se em mim segundo tua palavra". E o anjo retirou-se de sua presença.

– Palavra da Salvação.

3. Meditação

Hoje, iniciamos nossa novena. O motivo principal que deve estar em nosso pensamento é este: pedir a Santo Afonso que nos ajude a perseverar na fé. Vejamos em que o Evangelho pode nos ajudar nessa tarefa. Maria recebe a manifestação de Deus por meio do anjo Gabriel, e dois pontos são importantes nesse anúncio: Maria é cheia de graça; não tenhas medo.

Maria é cheia de graça porque não pensa só em si, mas sim na vontade de Deus. Ela é bela diante de Deus; sua vida é o próprio amor, e, por ser bela diante de Deus, irradia felicidade, transborda de fé; ela é convidada a não ter medo e realmente assume a coragem que vem de Deus.

Santo Afonso entrega sua vida nas mãos da doce Senhora, sua Mãe. Deixa o medo, os tribunais e consagra-se a Deus de corpo e alma; isto tendo Maria como modelo e exemplo.

Vamos com fé pedir a intercessão de Santo Afonso e a presença de Nossa Senhora para sempre perseverarmos nos caminhos de Deus.

Nossa Senhora é muito especial na vida de Santo Afonso, é sua grande devoção, por isso, cheio de alegria, ele a chama amigavelmente de Dulcíssima Esperança. Mãe querida, seja nossa Esperança.

4. Oração final *(p. 6)*

2º dia
O amor gera a Vida

1. Oração inicial *(p. 5)*

2. Evangelho *(Mt 1,18ss)*
Deus se faz humano, faz-se homem e vem a nós. Somos felizes por isso. Peçamos ao Espírito Santo que venha ao nosso coração e nos ajude a compreender o Evangelho.

Assim aconteceu o nascimento de Jesus: Maria, sua mãe, era noiva de José e, antes de viverem juntos, ela ficou grávida por obra do Espírito Santo. José, seu noivo, sendo um homem justo, não quis que ela ficasse com o nome manchado e resolveu abandoná-la sem ninguém o saber. Enquanto planejava isso, teve um sonho em que lhe apareceu um anjo do Senhor para dizer-lhe: "José, filho de Davi, não tenhas medo de receber Maria como esposa, porque a criança que ela tem em seu seio vem do Espírito Santo. Ela terá um filho, e tu lhe darás o nome de Jesus, pois ele salvará seu povo de seus pecados". Tudo isso aconteceu para se cumprir o que o Senhor tinha dito pelo profeta com estas palavras: "A virgem conceberá e dará à luz um filho, a quem chamarão Emanuel, nome que significa 'Deus conosco'". Quando acordou, José fez o que o anjo do Senhor havia mandado. Levou sua esposa para casa e, sem que a ela se unisse, ela teve um filho. E José lhe deu o nome de Jesus.

– Palavra da Salvação.

3. Meditação

Continuamos nossa caminhada de fé, nossa novena vai em frente, e hoje Nossa Senhora nos dá a verdadeira vida, Jesus Cristo, Deus menino, que vem a nós, na gruta simples de Belém.

Como é gostoso saber que o Deus menino nasceu para nós. É sinal do amor de Deus que age no mundo e em cada um de nós.

Jesus não nasceu à toa nem para se mostrar; nasceu para nos libertar do pecado e gerar em nosso coração a certeza de que Deus morre de amor por nós e nos quer a seu lado, a qualquer custo. É a gratuidade de Deus em nossa vida. Também Santo Afonso sentiu em sua vida a grandeza desse gesto de Deus; sair de si mesmo e vir morar entre nós; que gostoso saber que tanta gente soube entender e aceitar Jesus no presépio de seu coração.

Deixemos Jesus nascer na gruta de nosso coração e receber o carinho, o aconchego de nosso amor. Abramos nosso coração e nossa vida.

4. Oração final *(p. 6)*

3º dia
Nos desencontros, o caminho certo

1. Oração inicial *(p. 5)*

2. Evangelho *(Lc 2,41-52)*
Quem segue Jesus é capaz de vencer os desencontros da vida e crescer cada vez mais na fé. Ouçamos o Evangelho.

Os pais de Jesus iam todos os anos a Jerusalém para a festa da Páscoa. Quando ele tinha doze anos, subiram para lá, como era costume na festa. Passados os dias da festa, quando estavam voltando, ficou em Jerusalém o menino Jesus, sem que seus pais o notassem. Pensando que ele estivesse na comitiva, fizeram o percurso de um dia inteiro. Depois o procuraram entre os parentes e conhecidos, e, não o encontrando, voltaram a Jerusalém a sua procura. Depois de três dias o encontraram no templo, sentado no meio dos doutores, ouvindo-os e interrogando-os. Todos os que o ouviam estavam maravilhados com sua sabedoria e com suas respostas. Quando seus pais o viram, ficaram muito emocionados. E sua mãe lhe perguntou: "Filho, por que fizeste isso conosco? Teu pai e eu te procurávamos, cheios de aflição..." Jesus respondeu-lhes: "Por que me procuráveis? Não sabíeis que devo estar naquilo que é de meu Pai?" Mas eles não compreenderam o que lhes dizia. Desceu com eles e foi para Nazaré, e lhes era submisso. Sua mãe conservava todas essas recordações em seu coração. Jesus ia crescendo em sabedoria, estatura e graça diante de Deus e dos homens.

– Palavra da Salvação.

3. Meditação

Vamos parar um pouco e, bem no fundo de nosso coração, pedir ao Espírito Santo que toque nossa vida e nos mostre o caminho da perseverança.

No dia de hoje, no Evangelho que acabamos de ouvir, percebemos que Nossa Senhora, São José e o menino Jesus vivem em uma comunidade, que vai todo ano manifestar sua fé e seu compromisso com o Deus da Vida. Caminham rumo ao Templo e lá fazem suas orações; estão felizes. Vejam vocês, mesmo rezando, estando felizes, vários obstáculos os deixam preocupados; sim, preocupados, mas não desanimados. Jesus se perde no Templo, só é encontrado três dias depois; ele é encontrado sentado no meio dos doutores, ouvindo-os e interrogando-os sobre as coisas de Deus. Nessa passagem, Jesus diz a nós que Deus é Pai.

Volta para casa com sua Mãe e seu Pai adotivo, São José. O Evangelho termina dizendo a nós que Jesus cresce em tamanho e em graça, diante de Deus e diante dos homens.

Peçamos a Santo Afonso que rogue a Jesus, Maria e José (a Sagrada Família) a graça de crescermos na fé rumo à casa do Pai.

4. Oração final *(p. 6)*

4º dia
Na Eucaristia, morre a fome

1. Oração inicial *(p. 5)*

2. Evangelho *(Jo 6,30-39)*
A fé é a fonte que nos faz receber Jesus como pão da vida. Peçamos a luz do Espírito Santo para iluminar-nos e assim vamos saciar nossa fome de Deus. Ouçamos o Evangelho.

Perguntaram a Jesus: "Que sinal tu fazes, para que vejamos e acreditemos em ti? Que obra realizas? Nossos pais comeram o maná no deserto, como está escrito: 'Deu-lhes a comer pão do céu'". Jesus respondeu-lhes: "Na verdade, na verdade, eu vos digo: não foi Moisés que vos deu o pão do céu; meu Pai é que vos dá o verdadeiro pão do céu; pois o pão de Deus é o que desce do céu e dá a vida ao mundo". Disseram-lhe eles: "Senhor, dá-nos sempre deste pão!" Jesus disse-lhes: "Eu sou o pão da vida: quem vem a mim não sentirá mais fome e quem crê em mim nunca mais sentirá sede. Mas já vos disse: vós me vistes e não credes. Tudo o que o Pai me dá virá a mim, e não lançarei fora o que vem a mim, porque desci do céu não para fazer minha vontade, mas a vontade daquele que me enviou. E a vontade daquele que me enviou é esta: que eu não perca nenhum dos que ele me deu, mas que os ressuscite no último dia.

– Palavra da Salvação.

3. Meditação

Quem tem fome é sempre alguém necessitado de comida, e, quando falamos de Eucaristia, temos a certeza de que a fome que precisamos saciar é a fome de Deus, a fome espiritual. Jesus percebe no povo essa carência, então faz de si mesmo o alimento que gera a vida em abundância.

Jesus é o pão vivo descido do céu, que sacia nossa vida; dando-nos a paz, a fraternidade, ele se faz pão partido para ser repartido com os irmãos. Santo Afonso ama profundamente esse

Jesus Eucarístico. Vejam: receber Jesus na Eucaristia é saber que esse gesto é nosso grande agradecimento, é ação de graças, enfim, é celebrar a fé bem no fundo de nosso coração.

Não vamos perder a esperança nem a fé, mas buscar a cada dia o verdadeiro alimento de nossa caminhada. É o próprio Cristo quem diz: "Eu sou o caminho, a verdade e a vida"; na Eucaristia temos essa certeza. Que Nossa Senhora continue enviando-nos o Pão da Vida, seu Filho e nosso Irmão Jesus Cristo.

4. Oração final *(p. 6)*

5º dia
A vitória do Amor

1. Oração inicial *(p. 5)*

2. Evangelho *(Jo 16,29-33)*
É o próprio Jesus quem nos dá a garantia: ele venceu o mundo. Vamos perseverar confiando nas palavras do Mestre. Ouçamos o Evangelho.

Os discípulos disseram a Jesus: "Agora, sim, falas claro e sem figuras! Agora vemos que sabes tudo e não precisas que ninguém te interrogue. Por isso acreditamos que saíste de Deus". Respondeu-lhes Jesus: "Credes agora? Vem a hora – e já veio – em que sereis dispersos, cada um para seu lado, e me deixareis sozinho. Mas não estou sozinho, porque o Pai está comigo. Eu vos disse essas coisas, para que tenhais paz em mim. No mundo tereis de sofrer; mas tende confiança: eu venci o mundo!"
– Palavra da Salvação.

3. Meditação

Meu irmão, minha irmã, amando Nossa Senhora, sabendo que Deus se faz pequeno e vem morar em nossa vida, assumindo a condição de pessoa humana e assim alimentando nossa vida, sendo pão para nós, temos certeza de que nada no mundo vai nos separar do amor de Deus.

Hoje, Jesus vem falar ao nosso coração: "Quem quer viver a vida cristã para valer não vai ter uma vida fácil". Aliás ele não diz nem promete vida fácil a ninguém, ao contrário, diz que quem quiser segui-lo tem de renunciar a si mesmo e tomar sua cruz. Ao mesmo tempo, Jesus fala a nós que preocupações, angústias, ansiedades, tribulações todos nós teremos em toda a nossa caminhada, mas ele é a certeza da vitória, pois venceu todas essas realidades.

Então meus irmãos e minhas irmãs na fé, contando com o apoio de Santo Afonso e a presença de Nossa Senhora, vamos perseverar no caminho de Deus e na fé cristã.

4. Oração final *(p. 6)*

6º dia
Ser escolhido é assumir a fé

1. Oração inicial *(p. 5)*

2. Evangelho *(Jo 15,9-17)*
Perseverar no amor e na vida de Deus nos dá a certeza de ser amigo de Jesus e estar sempre unido a ele, em qualquer circunstância. Ouçamos o Evangelho.

Disse Jesus aos seus discípulos: "Como o Pai me amou, assim também vos amei. Permanecei em meu amor. Se guardais meus mandamentos, permanecereis em meu amor, assim como eu guardei os mandamentos de meu Pai e permaneço em seu amor. Eu vos disse estas coisas para que minha alegria esteja em vós, e vossa alegria seja plena. Este é meu mandamento: que vos ameis uns aos outros como eu vos amei. Ninguém tem maior amor do que este: dar a vida por seus amigos. Vós sois meus amigos, se fazeis o que vos mando. Não vos chamo mais de servos, porque o servo não sabe o que faz seu patrão. Mas vos chamo de amigos, porque vos manifestei tudo o que ouvi de meu Pai. Não fostes vós que me escolhestes, mas fui eu que vos escolhi e vos designei para irdes e produzirdes fruto, e para que vosso fruto permaneça, a fim de que tudo o que pedirdes a meu Pai em meu nome, ele vos conceda. Isto vos mando: que vos ameis uns aos outros!"

– Palavra da Salvação.

3. Meditação

A recompensa que alcançaremos, perseverando no caminho de Jesus e buscando o Reino de Deus, é a certeza de que formamos e formaremos a família de Deus.

Ser amigo de Jesus é estar em seu coração e em sua vida. Por isso não vamos desanimar, nada vai nos fazer deixar o amor de Deus fora de nós. Aliás o amor é o único mandamento, o único preceito, a única exigência de Deus. Por isso nossa vida tem de ser sempre um gesto de amor a Deus e aos irmãos.

Como Santo Afonso percebeu e assumiu esse amor de Jesus em sua vida, Afonso fala do Dulcíssimo Jesus. Como é gostoso saber que Jesus é nosso irmão maior, nosso grande amigo, porque ele é capaz de dar a vida por nós. Não é à toa que alguém disse: "Quem ama faz de sua vida alimento para a vida da pessoa amada". Aprendamos com Santo Afonso e principalmente com Nossa Senhora: somos amigos de Jesus quando perseveramos em seus ensinamentos e em sua vida.

4. Oração final *(p. 6)*

7º dia
Na oração a Vida floresce

1. Oração inicial *(p. 5)*

2. Evangelho *(Lc 22,39-46)*
Quem vive a fé sabe que Deus é misericordioso e sempre perdoa a quem se arrepende e quer mudar de vida. Peçamos ao Espírito de Deus que envie sua luz e ilumine nossa vida. Ouçamos o Evangelho.

Jesus saiu e, como de costume, foi para o monte das Oliveiras, e os discípulos o acompanharam. Chegando lá, Jesus lhes disse: "Rezai para não entrardes em tentação". Afastou-se deles à distância de um lance de pedra e, de joelhos, rezava: "Pai, se quereis, afastai de mim este cálice! Mas não aconteça como eu quero, mas como vós quereis!" Apareceu-lhe então um anjo do céu, que o confortava. Entrando em agonia, rezava com maior insistência, e seu suor tornou-se semelhante a espessas gotas de sangue que caíam por terra. Levantando-se da oração, foi ter com os discípulos e encontrou-os dormindo por causa da tristeza. Perguntou-lhes: "Por que estais dormindo? Levantai-vos e rezai para não entrardes em tentação".

– Palavra da Salvação.

3. Meditação

A vida de cada um de nós deve ser sempre uma entrega sem reserva nas mãos de Deus, estar aberta para ouvir e viver esse encontro maravilhoso com o Deus da vida.

Na meditação de hoje, vamos sentir o que significa estar ligado a Deus. Em nossa vida, muitas vezes, tudo parece querer desmoronar e acabar conosco, parece que estamos dormindo; mas não podemos deixar que isso continue em nós, pois o próprio Cristo vem mostrar qual o meio para perseverar neste mundo cheio de pecado. O meio é simples: dialogar, conversar com Deus, ou melhor, rezar.

Não é sem sentido ou à toa que Santo Afonso escreveu, e nós continuamos acreditando nestas suas palavras: "Quem reza se salva, quem não reza se condena".

Então, meus irmãos e minhas irmãs, vamos, confiantes nessas palavras, colocar nossa fé em sintonia com o Pai e, em diálogo com Ele, vencer os obstáculos e viver a felicidade de estar com Ele sempre, em todos os momentos de nossa vida.

4. Oração final *(p. 6)*

8º dia
Cruz, a verdadeira misericórdia

1. Oração inicial *(p. 5)*

2. Evangelho *(Lc 23,33-34a)*
Nossa Senhora é a garantia do homem de que Deus não abandona seus filhos. Ao pé da cruz, ela é dada a nós como mãe. Ouçamos o Evangelho.

Quando chegaram ao lugar chamado o Crânio, ali o crucificaram, como também aos malfeitores, um à direita e o outro à esquerda. Jesus dizia: "Pai, perdoai-lhes, porque não sabem o que fazem".
– Palavra da Salvação.

3. Meditação
A bondade e a misericórdia de Deus são sem limites, pois até mesmo pregado na cruz por nos-

sos pecados Deus é capaz de esvaziar-se, esquecer de si mesmo e pedir a nossa salvação.

Ainda que com as mãos e pés pregados, Jesus tem uma palavra de conforto e de esperança para aqueles que o estão matando. "Pai, perdoai-lhes, porque não sabem o que fazem." Acredito que nem seria preciso falar sobre esse amor de Deus por nós.

Santo Afonso é um apaixonado pela cruz, pois nela Deus é o maior de todos os homens, é o resto, é aquele que vai ao extremo, até o último de sua doação. Nessa entrega, está presente o coração de Deus a convidar-nos a também sermos serviço, perdão e vida para nós mesmos, para nossas famílias, para nossas comunidades e assim ser fidelidade ao Reino de Deus. "Ó cruz, tu nos salvarás!" Ela é nossa salvação.

4. Oração final *(p. 6)*

9º dia
Mãe Maria,
certeza da vida

1. Oração inicial *(p. 5)*

2. Evangelho *(Jo 19,25-27)*
Perseverar no amor e na fé; isso na vida Cristã é ter a certeza de receber o paraíso, certeza da vida eterna. Ouçamos o Evangelho.

Junto à cruz de Jesus estavam de pé sua mãe, a irmã de sua mãe, Maria, mulher de Cléofas, e Maria Madalena. Jesus, vendo sua mãe e, perto dela o discípulo que amava, disse a sua mãe: "Mulher, eis aí teu filho". Depois disse ao discípulo: "Eis aí tua mãe". E, desta hora em diante, o discípulo acolheu-a em sua casa.
– Palavra da Salvação.

3. Meditação

Mãe querida, mãe de Deus, minha mãe, minha Dulcíssima Esperança, é este o último dia desta novena pela perseverança em nossa fé, pela intercessão de Santo Afonso, que, no último grau de seu amor, de sua confiança na mãezinha do céu, diz: "Um verdadeiro devoto de Nossa Senhora não se perde eternamente".

Como é gostoso sentir que Nossa Senhora tem um lugar especial ao lado de Deus; ela é a mãe misericordiosa, a medianeira de todas as graças. Por isso iniciamos nossa novena com o "Sim" de Nossa Senhora e a estamos terminando com a presença dela ao pé da cruz, mostrando assim que a mãe sempre está ao lado do filho, na alegria da anunciação e na dor na cruz.

Santo Afonso, sabemos de seu amor a Nossa Senhora; conceda-nos hoje e sempre a graça de contarmos com sua ajuda no pedido à mãe, que vai levá-lo à presença de seu Filho Jesus e vai entregá-lo a Deus Pai, e assim teremos a graça de perseverar em nossa fé.

Nossa Senhora, Santo Afonso, roguem por nós.

4. Oração final *(p. 6)*

A marca FSC® é a garantia de que a madeira utilizada na fabricação do papel deste livro provém de florestas que foram gerenciadas de maneira ambientalmente correta, socialmente justa e economicamente viável.

Este livro foi composto com as famílias tipográficas Avenir, Bellevue e Calibri e impresso em papel Offset 75g/m² pela **Gráfica Santuário.**